Lalá e Lelé

e outros contos

Texto: Silvio Sodré
Ilustração: Natália Bernardes

Lalá e Lelé

Certa vez, duas lagartinhas estavam rastejando na floresta. Elas se chamavam Lagamarta e Lengamárcia, mas eram apelidadas de Lalá e Lelé. Lalá era feliz consigo mesma; amava o seu dia-a-dia de folhas verdinhas crocantes. Lelé, porém, só vivia reclamando. E reclamava, reclamava... reclamava de tudo. De tanto reclamar, Lelé não prestou atenção ao caminho e acabou se separando de sua companheira Lalá.

Lalá logo notou a ausência de Lelé e se preocupou com ela. Porém, Lelé nem se deu conta da separação da amiga e continuou reclamando. Lelé vivia se comparando aos outros animais dizendo:

— Por que fui nascer essa criatura tão desprezível? Vivo me arrastando no chão e sujando sempre minha barriguinha. As abelhas, por exemplo, tem asas bem rápidas e por isso podem voar. Como eu gostaria de ter essas asas de abelha. Oh destino infeliz! Deus não gosta de mim.

Um vaga-lume mágico, chamado Magalume, passando perto de Lelé, ouviu suas chorumelas; e tendo pena da lagartinha tão triste, fez com que nela nascessem asas de abelha. Lelé ficou contente e tratou logo de bater bem rápido as asinhas. Conseguia voar, sim. Mas seu corpo de lagarta não tinha o formato adequado para voar e ela voava desajeitadamente.

Um dia, passando por uma aranha, ela disse:

— Que pernas longas e fortes. Garanto que ela deve correr muito. Eu não. Com estas minhas perninhas e braços; sou um verdadeiro cotoco com asas. Quase não ando. Deus não teve pena de mim quando me criou. Como sou infeliz.

Novamente, Magalume estava próximo de Lelé e ouvindo a reclamação da lagartinha, quis resolver o problema dela e fez com que nela surgissem pernas de aranha. Agora, Lelé podia andar mais rápido, ainda que mais desajeitadamente.

Um dia, Lelé passava por um besouro, quando notou sua dura carapaça. E disse:

— Que carapaça forte! É uma verdadeira armadura. Se tivesse essa carapaça, nenhum animal iria me atacar. Mas eu não sou assim. Tenho esse corpo molenga, vulnerável. Coitada de mim.

Pode parecer incrível, mas, mais uma vez, Magalume ouviu a lenga-lenga da lagarta. E assim, para ajudá-la, fez com que nela aparecesse uma couraça bem dura. Inicialmente, a lagarta ficou feliz, mas logo notou que a carapaça não a deixava correr nem tampouco voar.

Um dia, estava Lelé passando por um lago quando se olhou no espelho d'água. Ela viu que tinha se transformado em uma criatura feia e disforme. Uma verdadeira aberração da qual todas as criaturas se afastavam de medo. Pela primeira vez, sentindo-se sozinha e solitária, Lelé chorou.

Preferiu ter continuado a ser uma simples lagarta. Pelo menos, tinha a companhia de sua amiga Lalá.

Foi quando, de repente, alguma coisa surgiu do céu. Parecia um anjo. Tinha asas de anjo, mas eram lindas... Eram co-lo-ri-das! Lelé demorou a reconhecer. Era ela... sua amiga Lalá.

— Lalá. O que houve com você? Você está linda! Essas asas, esse corpo esguio.

Lalá respondeu:

— Não fiz nada. Continuei minha vida, comendo minhas folhinhas, agradecendo o sol de cada dia. Um dia, acordei assim. - E notando o corpo da amiga Lelé, perguntou: E você? O que aconteceu contigo? E por que está chorando?

— Eu só fiz burrada nesta vida. Desejei tanto ter o que os outros tinham que me tornei um monstro.

— É bem verdade que sua aparência não está muito agradável, mas sempre há tempo para tomarmos o caminho certo. Suas mudanças corporais atrasaram um pouco a sua metamorfose. Não sei quanto tempo ela irá demorar, mas ela vai acontecer. Enquanto isso, aceite-se do jeito que é. Isso fará com que o tempo de espera seja mais curto.

Lelé, agora cheia de esperança, ainda estava se refazendo do choro, quando observou:

— Agora não vou poder mais te acompanhar. Você está livre para voar e eu presa neste corpo.

— Você se engana. Ficarei contigo e lhe farei companhia. Às vezes, sairei para buscar-te alimento, mas sempre voltarei para ficar você. Lembre-se, aceite-se do jeito que é.

E assim, alguns dias se passaram. Logo, duas borboletas lindas e radiantes estavam buscando o Céu: Lalá e Lelé.

Fim

O Hábito

Mateus era um menino muito inteligente e tinha um coração bom por natureza. Entretanto, ele sempre fazia as coisas erradas. Ele sabia que não devia brincar de irritar os outros, mas continuava fazendo. Mateus sabia que se deve evitar falar palavrão, porém ele acabava soltando alguns no meio de uma frase.

Certa noite, seu pai lhe disse:

— Mateus, Deus lhe deu uma noção tão boa de certo e errado; você sabe melhor do que muita gente qual a coisa certa a se fazer. Por que você escolhe sempre fazer a coisa errada?

Com displicência, Mateus falou:

—Ah, pai. É só brincadeira. Os outros sabem que eu estou brincando. Não faço para ofender. Quanto aos palavrões, é só o meu jeito descolado, não faço com intenção agressiva e só faço nas horas adequadas. Como o senhor mesmo disse, sei o que é certo e errado, e posso parar de fazer o errado a qualquer momento.

Seu Wilson respondeu:

—Cuidado, filho. Costume de casa vai à praça. Além do mais, devemos aproveitar sempre as oportunidades de fazermos o que é certo. Toda oportunidade tem seu preço.

O filho disse:

—Fica tranquilo, pai. Eu quero só aproveitar o meu tempo de criança. Quando ficar adulto, eu paro.

Mesmo sentindo um aperto no peito, Seu Wilson deu um beijo de boa noite em seu filho, que foi dormir.

No dia seguinte, sozinho, quando estava atravessando a rua para ir para o colégio, Mateus foi atropelado e bateu com a cabeça. Ele não tinha se machucado muito, porém havia perdido a memória. Como não se lembrava do caminho de casa, ficou perdido. As pessoas em volta tentaram ajudá-lo, mas Mateus as assustava e as ofendia, falando palavrões absurdos e as tratando de maneira jocosa. Embora apiedados de Mateus, ninguém queria levar para casa, nem que por uma noite, uma criança tão desbocada e zombeteira. Mateus acabou dormindo na rua, triste e solitário.

Mateus acordou assustado em sua confortável cama, chorando de soluçar. Tudo não havia passado de um sonho ruim. Seu pai, que acordou com o choro do filho, foi vê-lo e, após Mateus lhe contar sobre seu sonho, seu Wilson falou:

— Filho, mais importante do que sabemos ou fazemos são os nossos hábitos; eles são a nossa garantia de que continuaremos fazendo as coisas certas em quaisquer circunstâncias. Nossa inteligência não é apenas para nos ajudar a escolher entre o certo e o errado, mas também para compreender que devemos gravar essas escolhas na alma para o caso de nos faltar inteligência algum dia.

A partir daquela noite, Mateus mudou e a sua arrogância, por saber tão bem escolher entre o certo e o errado, transformou-se em humildade, pelas dificuldades que encontrou na prática cotidiana de suas boas escolhas.

Fim

As Moscas

João Marcelo era um garoto de quase 12 anos que tinha um pequeno problema: adorava ficar sujo. Por mais que sua mãe o alertasse sobre os perigos e doenças da falta de higiene, João adorava brincar no lixão próximo a sua casa. Os amiguinhos do colégio o apelidavam de João Porquinho e mantinham distância dele, pois não aguentavam o futum do menino. Namoradas... nem pensar!

A característica mais marcante de João era o enxame de moscas que o seguia. Para todo lado que fosse, lá iam as mosquinhas zumbideiras a lhe acompanhar o caminho. No início, João até gostava das moscas, pois se considerava especial por tê-las em volta. Contudo, conforme o tempo foi passando, o zumbido constante o incomodava ao ponto de lhe dar dor de cabeça.

Às vezes, cansado da "companhia" das moscas, João tomava um banho e grande parte das moscas ia embora. Porém, algumas moscas continuavam a persegui-lo certas de que João novamente procuraria o lixão... e isso sempre acontecia. Às vezes, elas mesmas pareciam indicar o caminho a João. E João Marcelo novamente virava João Porquinho... e continuava a ficar incomodado com as moscas.

Um dia, João Porquinho... digo... Marcelo... se cansou definitivamente das moscas e decidiu abandonar de vez o lixão e ficar limpo. Mas as moscas não acreditaram e continuaram a persegui-lo. Às vezes, faziam muito zumbido e lhe encurralavam na direção do lixão. Porém, a força de vontade de João era maior e ele sempre escapava, não indo para o lixão. Assim se passaram alguns meses, até que todas as moscas desistiram de João.

Hoje, João Marcelo tem 12 anos, anda sempre limpinho, bem-arrumado, usa perfume, tem vários amigos no colégio e tem, inclusive, namorada.

Moral da Estória: Se quisermos nos livrar de companhias indesejadas, devemos, em primeiro lugar, mudar os nossos hábitos, enxotando definitivamente o João Porquinho que existe dentro de nós.

Fim

O Violão

Em um fim de tarde, sentados à beira de um lago, Seu Antenor ensinava seu filho Lúcio de 10 anos a tocar o seu velho violão. Então, de repente, Lúcio pergunta:

- Pai, como é ser pai?

Seu Antenor coçou a cabeça e, olhando para o seu instrumento, falou:

- Filho, de quem é esse violão?

- Ele é seu, pai. - Disse o filho.

Seu Antenor pergunta:

- E você tem cuidado bem dele?

- Há dois anos, cuido dele todo dia. De manhã, tiro ele da caixa, afino as cordas e fico treinando por bastante tempo. Quando me canso, limpo bem o violão e o guardo com cuidado na caixa.

- E você gosta de tocá-lo?

- Sim, gosto muito. Acho lindo o som e tem músicas que me dão muita emoção.

Seu Antenor, enternecido, olha nos olhos do filho e explica:

- Pois é, filho. Ser pai é isso. É cuidar de algo que não é nosso. Eu não sou seu dono e você não é minha posse. Ao me tornar pai, Deus está, na verdade, me emprestando você para que eu possa me desenvolver como pessoa.

- Como assim, pai?

- É simples. Você não desenvolve sua inteligência e sua sensibilidade musical ao tocar músicas alegres ou tristes no meu violão? Pois é. Da mesma forma, eu desenvolvo a razão e o coração nos momentos bons e ruins que tenho contigo. Cuido de você, como você cuida do meu violão, e ao cuidar de você, vou me tornando uma pessoa melhor, como você está se tornando um músico cada vez melhor.

    E olhando novamente para o seu velho violão, Seu Antenor dá um sorriso e continua:

- Aliás, já está na hora deste instrumento trocar de mãos... mais uma vez. Ele agora é seu, filho. Cuide dele, como você o cuidou até aqui.

- E eu também não posso ser seu, pai?

- Meu, não. Você é e sempre será de Deus. Ele é o verdadeiro pai. Mas, o seu amor por mim é meu, assim como o meu amor por você é seu. E devemos cuidar do amor um do outro.

- Eu te amo, pai.

- Eu também te amo, filho.

Fim

O Bolo

Um pai tinha três filhas que gostavam muito dele. Denise, a mais velha, era muito habilidosa, mas também muito orgulhosa. Tinha orgulho de fazer tudo bem feito, bem melhor que as outras irmãs. Sandra era a irmã do meio e tinha muita inveja da irmã mais velha; e, assim, procurava imitá-la em tudo. Regina, a mais nova das três, era um desajeito só. Até se esforçava, mas acabava fazendo tudo de forma bem atrapalhada.

Um dia, na manhã do aniversário do pai, as três irmãs estavam na cozinha; porém, enquanto Regina lia calmamente um livro, Denise e Sandra discutiam para saber quem era a filha favorita do pai, pois este, sempre que era perguntado sobre o assunto, respondia que gostava igualmente de todas as suas filhas, não tendo nenhuma preferida.

Foi quando Denise, sentindo-se superior às irmãs, principalmente no quesito habilidade, sugeriu que cada uma das três filhas preparasse um bolo e o entregasse ao pai. Ao final, perguntariam a ele qual dos bolos de que ele mais gostou; o pai, então, procuraria agradar mais a sua escolhida, indicando o bolo feito por esta. A princípio, Regina não quis participar da disputa, pois bastava-lhe saber que o pai tinha amor por ela. Contudo, para não estragar a animação das irmãs, Regina decidiu aceitar o desafio; ela também via na tarefa a oportunidade de melhorar, pela prática, suas habilidades na cozinha.

Assim, as três irmãs puseram mãos à massa, preparando, cada qual, um bolo para o pai. Como era de se esperar, Denise fez o confeito mais bonito e saboroso. Como também era previsto, o bolo de Sandra parecia uma cópia mal-acabada do primeiro, mas não menos gostoso. Contudo, diferente do que se poderia imaginar, o bolo de Regina ficou também bonito e com bom sabor, embora fosse visivelmente de qualidade inferior ao das duas irmãs.

Ao comparar o seu bolo com os de suas irmãs, Denise sentiu a vitória fácil, enquanto que Sandra e Regina também ficaram satisfeitas com seus preparados. À noite, as três boleiras foram mostrar suas obras de arte ao pai, que, após provar dos três bolos, falou:

- Em primeiro lugar, continuo gostando igualmente das três filhas. Por sinal, os bolos estavam excelentes. Contudo, mais importante do que saber se o resultado de um trabalho - no caso, o bolo - irá agradar a mim é saber o que o trabalho em si fará a vocês. Se uma tarefa fizer com que vocês se tornem pessoas orgulhosas ou invejosas, convém evitar fazê-la. Entretanto, se uma tarefa lhes convida a serem pessoas melhores, deve-se aceitá-la de bom grado. Sendo pessoas melhores, vocês serão felizes mais rapidamente e isso agradará, sem dúvida, a mim.